DFB-Pokalsieger '74
UEFA-Pokalsiege
Eintracht
BRUDA, SCHLAG DEN BALL LANG!
Eintracht
FRANKFURT
DFB-POKALSIEGER 2018

EINTRACHT GRILLBUCH

IMPRESSUM

HEEL Verlag GmbH
Gut Pottscheidt
53639 Königswinter
Tel.: 02223 9230-0
Fax: 02223 9230-13
info@heel-verlag.de
www.heel-verlag.de

Fotos: Volker Debus, www.debusfoto.de
Mit Ausnahme Cover: © fotolia: Romolo Tavani
Seite 10/11, 28/29, 42/43, 62/63, 76/77, 90/91, 106/107, 124/125: © adobe stock: fotokitas
Seite 4/5, 6/7, 8/9: Andreas Wolf:, © Eintracht Frankfurt Fußball AG
Seite 126/127, 128/129, 130/131: Eike Klein-Luyten
Projektleitung: Christine Birnbaum
Gestaltung: Axel Mertens, Heel Verlag

Printed in Slovakia

ISBN 978-3-95843-983-2

EINTRACHT GRILLBUCH

RHÖNER HEIMAT GRILLER

REWE

HEEL

INHALT

GRILLEN MIT DER EINTRACHT

Hand aufs Herz – ein Grillbuch haben wohl ganz viele Eintracht-Fans bereits im Regal. Aber mit Sicherheit keines, das mit seinen Rezepten und der Bildsprache so perfekt auf den Traditionsclub zugeschnitten ist.

Und dabei geht's beileibe nicht ums Würstchen wenden. Das Team der Rhöner Heimat Griller hat neben jeder Menge party- und Public-Viewing-tauglicher auch eine ganz besondere Auswahl an Rezepten entwickelt, die ihren Ursprung in der Heimatregion der Eintracht haben und sie für den Grill adaptiert. Da steht nicht nur ein Hessischer Flammkuchen auf der Liste – selbstverständlich mit Handkäse – sondern auch Schwartenmagen Burger oder Äppler Butt Chicken. Natürlich hat auch die typischste aller hessischen Soßen ihren Auftritt, die „Grie Soss", sei es als BBQ-Dip oder zum gegrillten Kartoffelsalat.

Getreu dem Motto „Das Auge isst mit" sind alle Rezepte im Stil der Eintracht in Szene gesetzt, ein kulinarisches Meer in Schwarz-Rot-Weiß, bei dem sich sicherlich auch so mancher Grill-Verweigerer reumütig dem Feuer zuwenden wird.

Damit wirklich alle Frankfurt-Fans mitgrillen können, sind die Rezepte auch für Einsteiger geeignet. Man muss keine Studienreise durch die BBQ Hot Spots absolviert haben, um zum überaus leckeren Ziel zu kommen.

Deshalb lenken wir die Aufmerksamkeit auch nicht unnötig auf Einführungen in die vermeintliche Geheimwissenschaft des Grillens. Ein Hinweis genügt, um alles, was bei den vorliegenden Rezepten den Puls des Eintracht-Fans in die Höhe bringt, nachgrillen zu können:

Der Unterschied zwischen direktem und indirektem Grillen – den sollte man kennen. Direkt ist da, wo's glüht, also unmittelbar über der Hitzequelle, sei es der Brenner des Gasgrills oder die Kohlen im Kohlegrill. Der Bereich daneben oder dazwischen, wo's keine direkte Hitze gibt, ist der indirekte Bereich. Deckel zu – so einfach ist es. Wenn man sich also einen indirekten Bereich einrichtet, lässt man einen Teil des Grills ohne Kohle, halbiert quasi die für die Kohlen oder Briketts maximal zur Verfügung stehende Fläche. Im Gasgrill schaltet man den mittleren Brenner aus oder nutzt die in größeren Grills vorhandene Ruhezone, in der Gaskugel dreht man den Trichter oder schaltet den inneren Ring aus. Und schon kann's losgehen.

Nun wünschen wir allen Fans der Eintracht und denen, die es beim Nachgrillen der Rezepte noch werden, viel Spaß und jede Menge leckere Entdeckungen.

COMMERZBA
EINTRACHT FRANKFURT MUSEUM

NK ARENA
#SGE
indeed

QUESADILLA

HESSISCHER FLAMMKUCHEN

SPECKPFLAUMEN

ROSENKOHL-
PFEFFERBEISSER- SPIESSE

CHICKEN DRUMSTICKS

MÄNNERMUFFINS

KAPITEL 1 – AUFWÄRMEN

STARTERS

MOINK BALLS

Den Käse in ca. 1 cm große quadratische Stücke schneiden. Das Rinderhack mit BBQ-Gewürz, Salz und Pfeffer würzen und 15 gleich große Kugeln daraus formen. In jede Kugel einen Käsewürfel drücken und die Kugel wieder schließen. Danach um jeden Moink Ball eine Scheibe Bacon wickeln und mit einem Zahnstocher fixieren. Dabei den Bacon auf ein Brett legen und beim Aufwickeln leicht zu sich ziehen. Dadurch liegt der Bacon gut am Hackfleisch an.

Den Grill auf 180 °C und indirektes Grillen einregeln. Die Moink Balls indirekt im Grill platzieren und ca. 25 Minuten bei geschlossenem Deckel grillen. 5 Minuten vor Ende der Garzeit die Moinkballs mit der BBQ-Sauce bestreichen und zu Ende grillen.

FÜR 4 PORTIONEN

- 300 g Rinderhackfleisch
- 15 Scheiben Bacon
- 100 g Gouda oder Edamer am Stück
- 100 ml BBQ-Sauce
- 2 EL BBQ-Gewürz, z. B. Magic Dust
- 1 Prise Salz
- 1 Prise Pfeffer

ZUSÄTZLICH

- 15 Zahnstocher

FÜR 6 STÜCK

- **6 Weizenwraps**
- **200 g Frischkäse**
- **100 g geriebener Gouda oder Emmentaler**
- **1 rote oder gelbe Paprika**
- **2 Frühlingszwiebeln**
- **6 Cocktailtomaten**
- **1 Prise Salz**
- **1 Prise Pfeffer**

QUESADILLAS

Das Grüne der Frühlingszwiebeln in Ringe schneiden, das Weiße fein hacken. Tomaten und Paprika in kleine Stücke schneiden.

Die Wraps auf eine Arbeitsplatte legen und dünn mit Frischkäse bestreichen. Dabei den Rand aussparen. Danach die anderen Zutaten gleichmäßig auf eine Hälfte der Wraps verteilen. Zum Schluss den geriebenen Käse auf diese Hälfte streuen und die Wraps zusammenklappen.

Den Grill für direktes Grillen vorbereiten und auf mittlere Hitze, ca. 160 °C, einregeln.

Die Quesadillas je Seite ca. 3 Minuten direkt grillen. Der Käse im Inneren sollte angeschmolzen sein und sich ein schönes Branding auf den Wraps gebildet haben.

Die fertigen Quesadillas etwas abkühlen lassen und in Stücke teilen.

DōJOE

Eintracht
FRANKFURT

HESSISCHER FLAMMKUCHEN

Mehl, Wasser, Eigelb, Salz und Öl vermengen und zu einem geschmeidigen Teig verkneten, in 4 Kugeln portionieren und in Frischhaltefolie einschlagen. Teiglinge mindestens 30 Minuten ruhen lassen. Den Grill für 160 °C und direkte Hitze vorbereiten.

In der Zwischenzeit Blutwurst, Zwiebel und Äpfel in gleichmäßige Würfel schneiden. Honig und 2 EL Öl zu einer Emulsion verrühren und die Äpfel darin marinieren. Den Handkäse fein reiben. Schmand, 2 EL Öl, etwas Zitronensaft, Salz und Pfeffer zu einem Dressing verrühren.

Die Teigkugeln mit etwas Mehl zu hauchdünnen Fladen ausrollen und nochmal 5 Minuten abgedeckt ruhen lassen. Die Teigfladen ca. 2–3 Minuten auf dem vorgeheizten Pizzastein angrillen, bis erste Röstaromen entstehen, und der Teig an der Unterseite durchgebacken ist. Danach sofort vom Grill nehmen, die Schieber des Grills schließen, bzw. die Flamme minimal einregeln.

Die angegrillte Unterseite nach oben legen und großzügig mit Schmand bestreichen, Blutwurst, Zwiebeln und die marinierten Apfelstücke verteilen, zum Schluss mit geriebenem Handkäse bestreuen, und den Flammkuchen zurück auf den etwas erkalteten Grill legen. Je nach Hitze weitere 5–8 Minuten grillen, bis der Boden knusprig und der Handkäse etwas zerlaufen ist. Mit gehacktem Schnittlauch garnieren und nach Geschmack mit Kümmel nachwürzen.

FÜR 4 PORTIONEN

TEIG

- 220 g Weizenmehl Type 405
- 100 ml lauwarmes Wasser
- 1 Eigelb
- 2 EL Öl
- 1 Prise Salz

BELAG

- 200 ml Schmand
- 4 EL Öl
- 1 Zitrone
- 150 g frische Blutwurst
- 150 g Handkäse
- 1 große Gemüsezwiebel
- 2 EL Honig
- 2 süße rote Äpfel, die Kerngehäuse entfernt
- 1 Bund Schnittlauch
- Salz & Pfeffer
- Kümmel

ZUSÄTZLICH

- Pizzastein

SGE
Eintracht
FRANKFURT

SPECKPFLAUMEN

Die getrockneten Pflaumen jeweils zur Hälfte mit einer Scheibe Bacon umwickeln, dann um 90 °C drehen und zu Ende aufwickeln. Damit man sie auf dem Grill besser wenden kann, auf Spieße stecken. Anschließend bei ca. 200 °C direkter Hitze von allen Seiten kross grillen.

FÜR 4 PORTIONEN

- 20 getrocknete Pflaumen
- 20 dünne Scheiben Bacon

ZUSÄTZLICH

- Holz- oder Metallspieße

FÜR 10 SPIESSE À 12 CM

- 250 g Rosenkohl
- 2 Pfefferbeißer
- 2 EL grober Senf
- 1 TL flüssiger Honig
- 1 TL Paprikapulver, geräuchert
- 5 EL Olivenöl

ZUSÄTZLICH

- 10 Spieße

ROSENKOHL-PFEFFERBEISSER-SPIESSE

Äußere Blätter des Rosenkohles entfernen und Strunk kreuzförmig einschneiden. Anschließend 5 Minuten blanchieren. Pfefferbeißer in ca. 1,5 cm breite Scheiben schneiden und zusammen mit dem Rosenkohl mit der Marinade aus Senf, Honig, Paprikapulver und Olivenöl vermischen. 2 Stunden unter gelegentlichem Rühren ziehen lassen. Danach abwechselnd aufspießen und bei ca. 200 °C direkter Hitze von allen vier Seiten ca. 10 Minuten grillen.

FÜR 4 PORTIONEN

- 8 Hähnchenunterkeulen
- Trockenrub für Hähnchen, z. B. Pigwing von Don Marco, ein anderer Hähnchen-Rub oder unsere Empfehlung unten
- 1 EL mittelscharfer Senf oder Honigsenf
- Saft und Abrieb einer ½ Bio-Zitrone
- 3 EL BBQ-Sauce
- 1 TL Worcestershiresauce
- 1 EL Honig

optional: Chili-Gewürz

- Pinsel
- eine Handvoll gewässerter Holzchips, z. B. Apfel- oder Kirschholz

Für alle, die den Rub selbst mischen, ist hier unsere Empfehlung:

BUTT GLITTER RUB

- 6 EL Paprika, edelsüß
- 3 EL Salz, fein
- 3 EL Puderzucker
- 1 EL Selleriesalz
- 1 EL Chilipulver
- 2 EL Kreuzkümmel, gemahlen
- 1 EL schwarzer Pfeffer, gemahlen
- 2 EL Knoblauchgranulat
- 2 EL Zwiebelpulver
- 1 EL Oregano

CHICKEN DRUMSTICKS

Wir empfehlen, die Keulen vor der Verarbeitung nicht abzuwaschen. Die Keulen mit einem scharfen Messer rund um die Knöchel einschneiden und die Sehnen durchtrennen, sodass der Knochen sichtbar wird. Mit der Messerklinge das Fleisch von der Unterseite nach oben schieben, so entsteht quasi ein „Ball". Für die Sauce Zitronensaft, BBQ-Sauce, Honig und Worcestershiresauce sowie Chili-Gewürz mischen.

Die Drumsticks erst dünn mit Senf oder Honigsenf bestreichen, danach den Rub einmassieren. Einen vollen Anzündkamin mit Briketts vorglühen und den Grill für indirektes Grillen vorbereiten. Es reicht eine Temperatur am Rost von 180 °C. Höhere Temperaturen verkohlen eher das Grillgut. Die Drumsticks in die indirekte Zone legen, mit der Fleischseite in Richtung der Feuerquelle.

Für ein feines Raucharoma gewässerte Holzchips auf die glühenden Briketts geben. Nach ca. 25–30 Minuten sollten die Drumsticks mit dem dünnen Ende zur Feuerquelle gedreht werden, damit das Fleisch nicht zu dunkel wird. Nach weiteren 15 Minuten sind die Drumsticks fast fertig. Nun mit der Sauce bestreichen und noch 5 Minuten weitergrillen. Bei einer Kerntemperatur von 76–80 °C sind die Drumsticks fertig.

MÄNNERMUFFINS

Zwiebeln, Tomaten und Käse in kleine Würfel schneiden. Jede Muffinform mit 5 Scheiben Bacon sternförmig auslegen. Die Enden sollten gleichmäßig auf allen Seiten überstehen. Jede Vertiefung einzeln füllen, da es sonst beim Verschließen Probleme gibt.

Die Tomaten, Zwiebeln und den Käse in die Form geben und mit je einem Eigelb befüllen. Die Füllung mit den überstehenden Teil des Bacons zudecken, so dass das Eigelb vollständig bedeckt ist.

Die Form bei 200 °C indirekt für 15–20 Minuten grillen.

Die Muffinform vom Grill nehmen. Den Rand der Männermuffins vorsichtig mit einem Esslöffel vom Rand lösen und dann heraus heben.

FÜR 6 MUFFINS

- 750 g Bacon, ca. 30 Scheiben
- 2 Tomaten
- 2 Zwiebeln
- 200 g Cheddar
- 6 Eier, getrennt
- Muffinform

CHEESEBURGER MIT BACON-
ZWIEBEL-TOPPING

SCHWARTENMAGEN BURGER

PULLED PORK

VEGANE BURGER

CHORIZOBURGER

HESSISCHER HOT DOG

KAPITEL 2 – 1. HALBZEIT

BURGER & HOT DOGS

CHEESEBURGER MIT BACON-ZWIEBEL-TOPPING

FÜR 4 PORTIONEN

- **600 g Rinderhackfleisch mit erhöhtem Fettgehalt**
- **1 große Gemüsezwiebel**
- **4 Scheiben Cheddar**
- **100 g Bacon**
- **4 große Burger-Buns**
- **4 TL Senf**
- **1 Tomate**
- **einige Salatblätter nach Wahl**
- **Salz & Pfeffer**

SAUCE

- **½ Tasse Mayonnaise**
- **3 EL Gurken-Relish**
- **1 TL Apfelessig**
- **1 TL Zucker**
- **Salz & Pfeffer**
- **2 TL Ketchup**
- **2 TL Senf**

Das Hackfleisch mit Salz und Pfeffer würzen und zu 4 Kugeln à 150 g portionieren. Die Patties mit einer Burgerpresse oder einem kleinen Teller flach drücken, mit dem Daumen eine Kuhle eindrücken, abdecken und kühl stellen.

Die Zwiebel schälen, in etwa 1,5 cm dicke Scheiben schneiden und die inneren Ringe herausdrücken, so dass Ringe von circa 1 cm Breite übrig bleiben. Die Ringe mit Bacon umwickeln.

Die Reste der Zwiebel fein hacken und etwa 6 TL davon und alle restlichen Zutaten für die Sauce zusammenrühren und mit Salz und Pfeffer vorsichtig abschmecken.

Den Grill für hohe indirekte Hitze (230 °C) vorbereiten. Die Bacon-Zwiebelringe für 8–10 Minuten im indirekten Bereich knusprig grillen, danach die Patties etwa 3–4 Minuten grillen, wenden und mit je einer Scheibe Cheddar belegen, nochmals 3–4 Minuten grillen und ebenfalls indirekt legen, die Zwiebelringe auf den Patties platzieren. Die Burger-Buns aufschneiden und die Schnittflächen wenige Sekunden auf dem Grill antoasten.

Danach die Unterseiten der Brötchen mit 1 TL Senf bestreichen, etwas Salat und danach die Patties mit den Bacon-Zwiebelringen auflegen und die Mitte des Ringes mit der Sauce befüllen, je 1–2 Tomatenscheiben darauf geben und zum Schluss den Brötchendeckel auflegen.

SCHWARTENMAGEN BURGER

Die Äpfel in ca. ½ cm dicke Scheiben schneiden, mit Ahornsirup beträufeln, etwa 2 Stunden im Ahornsirup ziehen lassen und dann von beiden Seiten grillen.

Den Schwartenmagen in ca. 1 ½ cm dicke Scheiben schneiden und die Schale entfernen. Auf dem Rost direkt grillen, bis sie kross sind.

Das Sauerkraut abtropfen lassen, und auf der Gussplatte oder im Gemüsegrillkorb erwärmen. Das Brot in ca. 1 cm dicke Scheiben schneiden anrösten und danach halbieren. Auf je einer Seite mit süßen Senf bestreichen, das Sauerkraut auf eine mit Senf bestrichenen Seite legen, den Schwartenmagen darauf legen und mit den Apfelscheiben garnieren. Zum Abschluss die Brotscheibe darauf legen und genießen.

FÜR 4 PORTIONEN

- **1 Blase Schwartenmagen, ca. 8 cm im Durchmesser, mindestens 700 g**
- **1 kleine Dose Sauerkraut**
- **2 Äpfel**
- **1 Kümmelbrot**
- **süßer Senf**
- **Ahornsirup**

ZUSÄTZLICH

- **Gussplatte oder Gemüsegrillkorb**

PULLED PORK

Weißkohl, rote Zwiebeln, Karotten, Spitzkohl und Äpfel in eine große Schüssel fein hobeln. Den Salat nun mit Salz und Pfeffer würzen. Anschließend die Mayonnaise mit einem guten Schuss Olivenöl, Salz, Pfeffer, Senf, dem Apfelessig und einer Prise Cayennepfeffer gründlich vermengen.

Das Fleisch von groben Fettauflagen befreien, sodass nicht mehr als 5 mm der Fettkappe übrig sind. Das Fleisch großzügig mit dem Magic Dust einreiben. Anschließend 2–4 Stunden, gerne auch über Nacht, abgedeckt im Kühlschrank marinieren lassen.

Den Grill vorbereiten und auf 110–120 °C einregeln. Die Hickory Chunks auf die glühenden Kohlen legen und das Fleisch auf den Grill geben. Wenn die Kerntemperatur des Fleisches etwa 67 °C beträgt, vom Grill nehmen, auf die Alufolie legen, diese an den Rändern etwas hochklappen, vorsichtig Apfelsaft über das Fleisch gießen und das Fleisch in der Alufolie einschlagen.

Bei einer Kerntemperatur von circa 90 °C ist das Werk vollbracht. Nun das Fleisch für weitere 30 Minuten in der Folie ruhen lassen. Während das Fleisch ruht, die Buns aufschneiden und diese auf dem Grill mit der Schnittfläche nach unten anrösten.

Nun alle Zutaten der Pulled Pork „pull-sauce“ in einem Topf leicht erhitzen, bis sich die trockenen Zutaten aufgelöst haben. Das Fleisch aus der Alufolie nehmen, in einer Schüssel oder Schale zerrupfen, etwas von der „pull-sauce“ dazugeben und vermengen. Dabei aufpassen, dass nicht zu viel Sauce verwendet wird, sonst wird die Konsistenz des Fleischs zu matschig.

Die Burger-Buns mit Pulled Pork, Coleslaw und etwas BBQ-Sauce servieren.

FÜR 6–8 PORTIONEN

- ca. 2 kg ausgebeinter Schweinerücken oder -nacken
- Dry Rub (Trockenrub auf Paprikabasis, z. B. Magic Dust, fertig gekauft oder selbst gemischt s .u.)
- 200 ml Apfelsaft
- Burger-Buns
- BBQ-Sauce, alternativ eine Honigsenfsauce, sie passt wunderbar!

ZUSÄTZLICH

- Alufolie
- 1 Hand voll Hickory Chunks

MAGIC DUST

- 5 EL brauner Zucker
- 5 EL weißer Zucker
- 4 EL Salz
- 5 EL Paprikapulver, mild
- 2 EL Senfsamen, gemahlen
- 3 EL Knoblauch, granuliert
- 3 EL Zwiebel, granuliert
- 1 EL schwarzer Pfeffer, frisch gemahlen
- 1 EL Cayennepfeffer

PULLED PORK „PULL-SAUCE"

- 100 ml Wasser
- 2 EL brauner Zucker
- 300 ml Apfelessig
- 2 EL Paprikapulver, rosenscharf
- 1 TL schwarzer Pfeffer
- 1 TL Meersalz, frisch gemahlen

COLESLAW

- 1 Weißkohl
- 2 rote Zwiebeln
- 5 Karotten
- ½ Spitzkohl
- 5 Äpfel z. B. Granny Smith, fruchtig-sauer
- 4 EL Mayonnaise, z. B. Miracle Whip
- gutes Olivenöl
- schwarzer Pfeffer
- Meersalz, frisch gemahlen
- Cayennepfeffer
- 8–10 EL Apfelessig
- 1–2 EL Senf

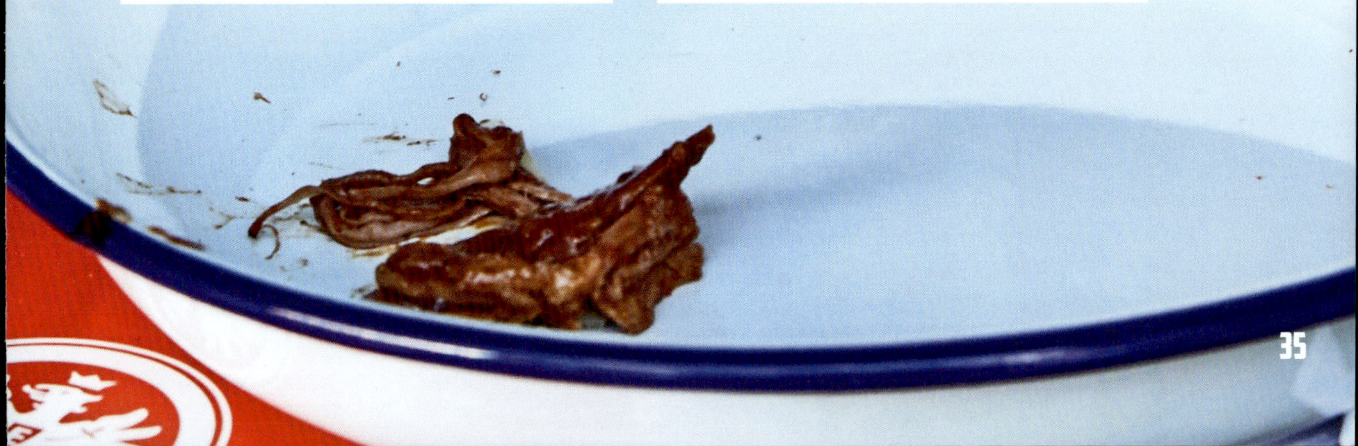

VEGANER BURGER

FÜR 4 PORTIONEN

- 250 g gekochte schwarze Bohnen aus der Dose, alternativ Kidneybohnen
- 175 g frische braune Champignons
- 75 g Haferflocken
- 40 g Walnüsse oder Pekannüsse
- 30 g geschrotete Leinsamen
- 1 EL Sojasauce
- 1 kleine rote Zwiebel
- 1 Knoblauchzehe
- 1 TL Rosmarin
- 1 TL Thymian
- 1 TL Paprikapulver, geräuchert
- Olivenöl
- Salz
- vegane Burger-Buns
- Toppings nach Gusto, z. B. Salat, Gurken, Zwiebeln, Tomaten, Ketchup, vegane Mayonnaise

ZUSÄTZLICH

- Grillplatte

Die geschroteten Leinsamen mit 35 g Wasser in einem Glas quellen lassen. Die Champignons säubern und klein hacken. Anschließend mit 1 EL Olivenöl und einer Prise Salz in der Pfanne oder im Topf bei mittlerer Hitze anbraten.

Die Bohnen mit klarem Wasser abspülen. 175 g der Bohnen mit den Haferflocken und 1 EL Sojasauce pürieren. Die Zwiebel und den Knoblauch fein reiben oder pürieren. Nun die restlichen Bohnen – 75 g – und die Nüsse fein hacken.

Gebratene Champignons, Leinsamen-Masse, gehackte Bohnen und Nüsse, geriebene Zwiebel und Knoblauch mit dem Haferflocken-Bohnen-Püree und den restlichen Gewürzen (Rosmarin, Thymian, Paprikapulver) vermengen.

Vier gleich große Patties formen und auf Backpapier ruhen lassen. Einen guten Schuss Olivenöl auf die vorgeheizte Grillplatte geben. Die Patties nun bei mittlerer bis hohe Hitze im Olivenöl braten. Abschließend die Burger-Buns auf dem Grill mit der Schnittfläche nach unten anrösten, Burger mit den Toppings belegen und schmecken lassen.

FÜR 4 PORTIONEN

- 4 Burger-Buns mit Sesam
- 20 g Butter
- 400 g Rinderhack
- 400 g Chorizo
- Meersalz
- Pfeffer
- 1 Knoblauchzehe
- 1 Zwiebel
- 25 g Sesam
- 4 Scheiben Bacon
- Balsamico
- 4 Scheiben Cheddar
- 25 g Paniermehl
- 1 Ei
- Stokes Burger Relish oder ein anderes Relish nach Geschmack
- Stokes Garlic Mayonnaise oder eine andere Knoblauchmayonnaise
- einige Blätter Eichblattsalat
- 1 Tomate

ZUSÄTZLICH

- Pinsel
- Metallschüssel

Die Vorbereitung der Zutaten (schneiden, waschen usw.) sollte vorher geschehen. Dann geht es am Ende viel schneller ...

CHORIZOBURGER

Das Rinderhack mit einem Ei, Paniermehl, Sesam und einer halben, feingehackten Zwiebel sowie der ganzen gehackten Knoblauchzehe in einer Metallschüssel vermengen. Die restliche Zwiebel in feine Ringe schneiden und mit Balsamico beträufeln.

Chorizo aus der Pelle nehmen und zu den übrigen Zutaten hinzufügen und kräftig per Hand durchmengen. Anschließend nach Geschmack mit Salz und Pfeffer würzen.

Aus der Masse mit angefeuchteten Händen 4 Patties à ca. 200 g formen und anschließend für etwa 30 Minuten kalt stellen.

Die Salatblätter waschen, die Tomate in dünne Scheiben schneiden. In der Zwischenzeit den Grill für direktes Grillen auf 200 °C einregeln. Die vorbereiteten Patties ca. 4 Minuten angrillen – dann sind sie medium – und eine Seite mit Cheddar belegen.

In der Zwischenzeit die Buns mit zerlassener Butter bestreichen und auf den Grill anrösten. Außerdem die Balsamico-Zwiebelringe und den Bacon knusprig angrillen.

Alle Zutaten für den Burger vom Grill nehmen. Die Unterseite des Burger nach Belieben mit Mayonnaise, dem Salatblatt und den Tomaten belegen. Danach das Patty auflegen und mit Burger Relish beträufeln. Als Abschluss die Balsamico-Zwiebelringe aufbringen und die Oberseite des Burger-Brötchens aufsetzen.

VON EUROPA
EINTRACHT FRANKFURT
EINTRACHT FRANKFURT
EINTRACHT FRANKFURT
EINTRACHT FRANKFURT
EINTRACHT FRANKFURT

HESSISCHER HOT DOG

FÜR 4 PORTIONEN

- 4 Hausmacher Bratwürste
- 1 kleine Dose Sauerkraut
- 1 Apfel, nicht zu sauer
- 4 EL Schmand
- 1 EL mittelscharfer Senf
- 2 TL Honig
- ½ Bund Schnittlauch
- 4 Brötchen, gerne mit Kümmel oder aus Sauerteig

Den Schmand mit Honig und Senf mischen und kalt stellen.

Den Apfel schälen, das Kerngehäuse entfernen und in Scheiben von ca. 5 mm schneiden.

Den Apfel von beiden Seiten angrillen, so dass er schön weich wird und ein paar Röstaromen bekommt. Im Anschluss in Würfel schneiden. Den Schnittlauch fein hacken.

Das Sauerkraut in einem Sieb abgießen und mit den Apfelwürfeln vermischen.

Die Bratwürste grillen. Die Brötchen aufschneiden und kurz auf dem Grill anrösten.

Jetzt auf die Unterseite des Brötchens etwas Sauerkraut legen, darauf kommt eine Bratwurst und 1 bis 2 EL Schmand. Zum Schluss mit etwas Schnittlauch bestreuen und den Brötchendeckel aufsetzen.

T-BONE-STEAK MIT ROTE-BETE-CHIPS

FLANK STEAK MIT HESSISCH-CHIMICHURRI

ROASTBEEF MIT GRÜNE-SAUCE-KRÄUTER-SENFKRUSTE

BABY BACK RIBS MIT APFEL-WHISKY-GLASUR

SCHWEINEFILET VON DER ZEDERNPLANKE

SCHWEINEBAUCH ASIA-STYLE

LAMMKARREE MIT GEFÜLLTER PFLAUME
UND PRINZESSINNEN-BOHNEN

PICANHA

KAPITEL 3 – 2. HALBZEIT

RIND & SCHWEIN

T-BONE-STEAK MIT ROTE-BETE-CHIPS

FÜR 2 PORTIONEN

- 1 T-Bone Steak 700 g, etwa 4 cm dick

WACHOLDER-FENCHEL-WÜRZMISCHUNG

- 2 TL Fenchelsamen
- 1 TL Wacholderbeeren
- 2 TL schwarze Pfefferkörner
- 2 TL grobes Meersalz
- 1 TL Kümmel
- 1 TL Korianderpulver

ROTE-BETE-CHIPS

- ca. 100 g vorgekochte Rote Bete
- 1 Ei
- 40 g Mehl
- 50 g Semmelbrösel
- Salz
- Pfeffer
- 1 EL Butter

Fleisch waschen und trocken tupfen. Die Gewürzmischung im Mörser zerstoßen und das Steak von beiden Seiten damit einreiben.

Den Grill auf direkte, mittlere Hitze vorbereiten. Das Steak auf direkter Hitze mit geschlossenem Deckel bei häufigem Wenden ca. 15–20 Minuten auf eine Kerntemperatur von 56 °C grillen. Bevor das Steak in Scheiben aufgeschnitten wird, 5 Minuten auf dem Schneidebrett ruhen lassen.

Rote Bete in ca. 1 cm starke Scheiben schneiden und mit Küchenrolle abtupfen. In Mehl wenden und wie ein Schnitzel mit dem verquirlten Ei und Semmelbröseln panieren. Im Anschluss bei ca. 200 °C ca. 7 Minuten von beiden Seiten grillen, bis die Chips goldbraun sind. Die Rote Bete auf beiden Seiten mit einer Messerspitze Butter bestreichen.

FÜR 4 PORTIONEN

- 1 Flank Steak, ca. 1 kg
- Fleur de Sel

CHIMICHURRI

- 1 großer Bund gemischte Kräuter für Grüne Sauce (Kerbel, Petersilie, Pimpinelle, Sauerampfer, Schnittlauch, Kresse und Borretsch)
- 1 mittelgroße Zwiebel
- 3 Knoblauchzehen
- ½ rote Paprika
- 1 TL Paprikapulver, edelsüß
- 2 Lorbeerblätter
- 2 TL grobes Meersalz
- Chiliflocken oder Chilipulver nach Geschmack
- 75 ml Rotweinessig
- 75 ml Wasser
- 150 ml Olivenöl

Chimichurri sollte einige Tage vorher zubereitet werden

FLANK STEAK MIT HESSISCH CHIMICHURRI

Für das Hessisch Chimichurri die Kräuter mit dem Knoblauch und der Zwiebel fein hacken. Die Lorbeerblätter fein zerbröseln, zusammen mit dem Meersalz in den Mörser geben und zerstoßen.

Alle Gewürze und Kräuter mit dem Essig und dem Wasser verrühren und 30 Minuten ziehen lassen. Dann das Olivenöl zugeben und gut durchrühren.

Die Sauce in ein Glas mit Schraubverschluss abfüllen und gut eine Woche dunkel und kühl stehen lassen. Die Sauce muss von Flüssigkeit bedeckt sein. Bei Bedarf noch etwas Öl zufügen.

Das Hessisch Chimichurri schmeckt frisch zubereitet auch gut, entfaltet aber erst nach einigen Tagen seinen intensiven Geschmack.

Das Fleisch abtupfen und parieren. Hierzu die Silberhaut und die dicken Teile des Fettes abschnelden.

Auf dem Grill einen Bereich mit direkter Hitze und einen indirekten Bereich einrichten. Den Grill auf ca. 180 °C aufheizen. Das Flank Steak von beiden Seiten scharf angrillen. Im Anschluss im indirekten Bereich ca. 15 Minuten gar ziehen, bis es eine Kerntemperatur von 56 °C hat. Das Fleisch dann 5–10 Minuten ruhen lassen.

Das Flank Steak ist ein langfaseriges Fleischstück, das man quer zur Muskelfaser aufschneiden muss. Diese Fasern verlaufen in Längsrichtung, das Flank muss als quer in Zentimeterstreifen geschnitten werden.

Vor dem Servieren mit Fleur de Sel bestreuen und ein bisschen Hessisch Chimmichurri über das Fleisch geben.

ROASTBEEF MIT GRÜNE-SAUCE-KRÄUTER-SENFKRUSTE

FÜR 4 PORTIONEN

- **1 kg Roastbeef am Stück**
- **grobes Meersalz**
- **60 g Butter**
- **2 EL körniger Senf**
- **½ Bund Frankfurter-Grüne-Soße-Kräuter (Petersilie, Sauerampfer, Borretsch, Kerbel, Kresse, Pimpinelle und Schnittlauch)**
- **2–3 Scheiben Kastenweißbrot, entrindet**
- **1 TL Salz**
- **½ TL Pfeffer**
- **Zitronensaft**

ZUSÄTZLICH

- **Tropfschale**

Das Roastbeef 1 Stunde vor dem Grillen aus dem Kühlschrank nehmen.

Die Kräuter, die zimmerwarme Butter und das Toastbrot in grobe Stücke schneiden, in einen Mixer oder in eine Küchenmaschine geben, dann den Senf hinzufügen. Alles gut durchmixen, bis eine glatte Masse entstanden ist und mit Zitronensaft, Salz und Pfeffer abschmecken. Die Masse zugedeckt für ca. 30 Minuten in den Kühlschrank stellen.

Den Grill für indirektes Grillen vorbereiten und eine Tropfschale mit Wasser in den indirekten Bereich des Grills stellen. Den direkten Bereich annähernd vollständig mit glühenden Kohlen oder Briketts bestücken und den Grillrost vorheizen lassen.

Das Roastbeef von überschüssigem Fett und Sehnen befreien und überall mit grobem Meersalz einreiben. Dann das Roastbeef von allen Seiten jeweils 1–2 Minuten auf dem Grill anrösten und wieder herunternehmen. Den Grill auf ca. 150 °C indirekte Hitze einregeln. Senf-Kräutermasse daumendick auf der oberen Seite des Roastbeefs gleichmäßig verteilen. Das Fleisch mit der Kräutermasse über die Tropfschale in die indirekte Zone legen. In der Mitte einen Kerntemperaturfühler platzieren und auf eine Kerntemperatur von 55 °C bringen.

Vor dem Servieren für 5 Minuten ruhen lassen und dann quer zur Faser anschneiden.

BABY BACK RIBS MIT APFEL-WHISKY-GLASUR

Für die Glasur Zucker und Stärke vermischen, in die Cola einrühren und den Apfelessig hinzugeben. Langsam aufkochen und dabei ständig umrühren. Wenn die Mischung aufgekocht ist, Tomatenmark, Whisky und Apfelmus hinzufügen, mit Currypulver, Salz und etwas Zitronensaft abschmecken.

Die Rippchen waschen, trocken tupfen, die Silberhaut entfernen. Gewürzmischung aus Salz, Pfeffer, Knoblauch, gemörsertem Fenchelsamen, Senfpulver und Zimt herstellen und großzügig in beide Seiten der Rippchen einmassieren.

Den Grill für niedrige indirekte Hitze (ca. 110 °C) mit einem Minion-Ring (siehe S. 53) vorbereiten. Die Rippchen gegenüber des Anfangs des Minion-Rings auflegen und etwas Räucherholz in die Glut geben. So mindestens 1 Stunde räuchern und eine weitere Stunde langsam ziehen lassen.

Nach insgesamt 2 Stunden die Schieber am Grill vollständig öffnen und die Rippchen herunternehmen. Gegebenenfalls Kohle hinzufügen, um die Temperatur im Grill zu erhöhen. Die Rippchen nun in mehrere Lagen Alufolie einschlagen, damit ein dichtes Paket entsteht. Auf einer Seite eine Öffnung lassen, den Apfelwein in das Rippchen-Paket einfüllen und die Öffnung dicht verschließen. Das Paket zurück auf den Grill legen, und bei rund 150–170 °C indirekt ca. 1,5 Stunden dämpfen.

Nach Ablauf der Zeit die Rippchen aus der Alufolie nehmen, zurück auf den Grill legen und von jeder Seite mit der Glasur bestreichen. So nochmal etwa 10–15 Minuten glasieren lassen.

FÜR 4 PORTIONEN

GLASUR

- 150 g Zucker
- 20 g Stärke
- 150 ml Cola
- 50 ml Apfelessig
- 120 g Tomatenmark
- 120 g Apfelmus
- 60 ml Whisky, Bourbon oder schottischer
- 2 TL Currypulver
- 1 EL Salz
- ein Spritzer Zitronensaft

RIPPCHEN

- ca. 2 kg Baby-Back Ribs
- 2 EL Salz
- 1 EL Pfeffer
- 2 TL Knoblauchpulver
- 2 EL Fenchelsamen, gemörsert
- 2 TL Senfpulver
- 1 TL Zimt
- 100 ml Apfelwein
- Räucherholz, z. B. Apfel oder Hickory. Chunks oder Chips nach Belieben

WAS IST EIN MINION-RING?

Mit einem sogenannten Minion-Ring – benannt nach seinem Erfinder Jim Minion – kann man einen Kugelgrill lange Zeit unbeaufsichtigt bei konstanter Temperatur halten, ohne dass man ständig Briketts nachlegen oder die Temperatur regulieren muss.

Man legt hierzu zwei Reihen Brikett kreisförmig auf den Kohlerost in den Kugelgrill, eine 3. Reihe wird auf die beiden Reihen gelegt. Die Briketts müssen eng beieinander liegen, sich berühren, damit sie sich gegenseitig entzünden können. Auch darf der Ring nicht geschlossen sein, er muss durch eine Lücke unterbrochen werden, wird also nicht durchgängig gelegt.

Der Ring wird nun mit 6–7 im Anzündkamin durchgeglühten Briketts entzündet, und zwar am Anfang des Rings, am 1. Brikett.

FÜR 4 PORTIONEN

- 1 Schweinefilet, ca. 500 g
- 50 ml Balsamico
- 25 ml Olivenöl
- 1 EL Sojasauce
- 1 EL brauner Zucker
- 1 Knoblauchzehe, fein gehackt
- 1 Zweig Rosmarin, fein gehackt
- ½ TL Pfeffer, frisch gemahlen

ZUSÄTZLICH

- Zedernplanke

SCHWEINEFILET VON DER ZEDERNPLANKE

Alle Zutaten bis auf das Fleisch zu einer Marinade vermischen und mit dem Schweinefilet z. B. in einem Gefrierbeutel 2 ½ –3 Stunden im Kühlschrank marinieren. Gelegentlich wenden, damit die Marinade überall hinkommt.

Die Zedernplanke in der Zwischenzeit mindestens zwei Stunden wässern. Bevor das marinierte Schweinefilet aufgelegt wird, das Wasser abtropfen lassen und für 2–3 Minuten in den 200 °C heißen direkten Bereich des Grills legen. Anschließend wenden, in den indirekten Bereich legen und das Schweinefilet auf der Planke platzieren.

Sobald das Filet eine Kerntemperatur von 64–68 °C erreicht hat – nach ca. 35–45 Minuten – kann es vom Grill genommen und nach kurzer Ruhezeit serviert werden.

Das Portionieren klappt am besten, wenn der Schweinebauch mit der Schwartenseite nach unten auf dem Schneidebrett geschnitten wird.

SCHWEINEBAUCH ASIA-STYLE

200 g Meersalz auf einen Teller geben. Die Schwarte trocken tupfen und den Schweinebauch für 3 Stunden mit der Hautseite nach unten auf das Meersalz legen. Danach die Schwarte abwischen und die Fleischseiten mit der im Mörser zerstoßenen Würzmischung einreiben. Den Grill auf indirekte, mittlere Hitze von 180 °C vorbereiten und das Fleisch für 60 Minuten indirekt bei geschlossenem Deckel grillen. Danach die Temperatur im Grill auf starke indirekte Hitze von 230 °C erhöhen und den Schweinebauch weitere 30 Minuten grillen. Danach ist die Schwarte knusprig und der Bauch mit einer Kerntemperatur von 75–78 °C schön saftig.

FÜR 4 PORTIONEN

- **1,2 kg Schweinebauch mit Schwarte**
- **200 g grobes Meersalz**

FIVE-SPICES-WÜRZMISCHUNG:

- **3 Sternanis**
- **1 ½ EL schwarze Pfefferkörner**
- **3 EL Szechuanpfeffer**
- **5 Gewürznelken**
- **1 ½ TL Zimtpulver**
- **1 EL Meersalz**

FÜR 4 PORTIONEN

- 2 Lammkarrees, pro Person ca. 4 Knochen
- 2–3 Zweige Rosmarin
- 8 große Pflaumen
- 1 Päckchen Feta
- 300 ml Teriyaki-Sauce
- 200 g Prinzess-Bohnen
- 200 ml Gemüsebrühe
- 50 g Rohrzucker
- Meersalz, Empfehlung: Murray River Salt, sehr milde Salz-Flakes
- Pfeffer

ZUSÄTZLICH

- Gussplatte oder Grillpfanne

LAMMKARREE

MIT GEFÜLLTEN PFLAUMEN UND PRINZESSINNEN-BOHNEN

Das Lamm parieren, allerdings nicht das komplette Fett abschneiden, zusammen mit den Rosmarinzweigen in 200 ml Teriyaki-Sauce zum Marinieren in einen Plastikbeutel geben und etwa 4 Stunden durchziehen lassen. Wenn man die Karrees in der Marinade vakuumiert, genügt 1 Stunde.

Bohnen abwaschen und abtropfen lassen. Die Bohnen ca. 2 Stunden in der Brühe einweichen.

Pflaumen waschen, halbieren und entkernen.

Bevor das Lamm auf den Grill kommt und auf eine Kerntemperatur von 60 – 62 °C zart rosa gegrillt wird, schlägt man die Knochen in Alufolie ein, damit sie nicht verbrennen. Die Rosmarinzweige, bzw. die Reste des Rosmarins vom Fleisch nehmen, denn sie verbrennen leicht.

Den Grill für direktes und indirektes Grillen vorbereiten, die Lammkarrees im direkten Bereich von allen Seiten scharf anbraten. Danach bei ca. 130–150 °C im indirekten Bereich für 15 – 20 Minuten ziehen lassen.

Die Bohnen auf einer Gussplatte oder in eine für den Grill geeigneten Pfanne mit etwas Brühe garen und nach ca. 15 Minuten bei 150 °C die restliche Teriyaki-Sauce darüber geben und für ca. 5 Minuten einkochen lassen.

Die Pflaumen auf der Schnittseite gründlich mit Rohrzucker bestreuen und auf der Gussplatte oder in der Pfanne auf dem Zucker für ca. 5 Minuten scharf angrillen. Die Pflaumen wenden, mit Feta füllen und für 10 Minuten bei 150 °C im indirekten Bereich ziehen lassen. Im Anschluss mit Pfeffer und Salz würzen.

Zum Anrichten in Tranchen mit 2 Knochen portionieren und je 2 Tranchen pro Teller anrichten. Auf die Schnittseiten jeweils eine Prise Meersalz geben.

RHÖNER HEIMAT GRILLER
torsten gröger
powered by region fulda

PICANHA

Das Fleisch aus der Verpackung nehmen und den Fleischsaft abtupfen. Der Tafelspitz hat eine dreieckige Form. Das Fleisch parallel zur kurzen Seite des Fleischs in Scheiben mit einer Breite von ca. 6-7 cm schneiden. Danach wird das Fleisch auf den Spieß gesteckt. Dabei werden die einzelnen Scheiben u-förmig aufgespießt, so dass der Fettdeckel zweimal durchstochen wird und nach außen zeigt. Das Fleisch von allen Seiten mit Meersalz bestreuen.

Bei direkter Hitze ca. 15 Minuten bei ca. 200 °C grillen und dabei ständig drehen (Rotisserie). Das Fleisch in dünnen Scheiben vom Spieß schneiden. Die Schnittflächen wieder etwas salzen und erneut auf dem Grill weiter garen.

FÜR CA. 6 PORTIONEN

- **1 kg Tafelspitz, möglichst US-Beef, mit Fettdeckel**
- **grobes Meersalz**

ZUBEHÖR

- **Rotisserie oder Spieße**

APPLER-BUTT-CHICKEN

BAGUETTE MIT ENTENBRUST

SATÉ-SPIESSE MIT ERDNUSS-SAUCE

HÄHNCHENBRUST MEDITERRAN

HÄHNCHENTACOS

THAI-STYLE HÄHNCHENSCHENKEL

KAPITEL 4 – VERLÄNGERUNG

GEFLÜGEL

POSSMANN

ÄPPLER-BUTT-CHICKEN

Hähnchen trocken tupfen, überschüssige Haut am Halsansatz entfernen. 1 EL Salz von unten in das Hähnchen geben und mit der Hand überall einreiben.

Knoblauch abziehen und fein hacken, 500–700 ml Apfelwein in eine große Schüssel geben und mit Rapsöl, 4 EL Paprikapulver, 3 EL Salz, 2 EL Pfeffer, 1 TL Zucker und dem Knoblauch vermengen. Das Hähnchen in einen großen Gefrierbeutel (ca. 3 l Volumen) geben und die Apfelweinbrine aufgießen. Darauf achten, dass das Hähnchen rundherum mit dem Sud bedeckt ist. Ca. 4–5 Stunden im Kühlschrank aufbewahren und ab und zu den Beutel umdrehen.

Den Grill für indirekte Hitze bei ca. 180 °C vorbereiten, eine Tropfschale mit Sand oder Wasser gefüllt in die Mitte des Grills stellen, und die Kohle rechts und links davon verteilen.

Hähnchenhalter oder eine gut ausgespülte 330 ml Dose mit etwas Apfelwein befüllen und das Hähnchen mit der Unterseite darüberstülpen. Die Enden der Keulen mit etwas Alufolie einwickeln und die Spitzen der Flügel in die Achselhöhlen eindrehen, damit sie nicht verbrennen. Hähnchen am Grill platzieren und mit den Keulen so ausrichten, dass ein stabiles Dreibein aus Dose und Keulen entsteht. Die Limette in Spalten schneiden und in den Halsansatz stecken, und das Hähnchen ca. 60– 70 Minuten am Grill lassen. Gegebenenfalls etwas drehen, falls es ungleichmäßig bräunt.

Bei 75 °C Kerntemperatur in der Brust vom Grill nehmen (Vorsicht heiß!), mit Alufolie abdecken und nochmal 5 Minuten auf der Dose ruhen lassen, bevor man es herunternimmt und mit der Geflügelschere zerteilt.

FÜR 2 PORTIONEN

- **1 ganzes, küchenfertiges Hähnchen (ca. 1,4 kg)**
- **1000 ml Apfelwein pur, nach Wahl**
- **5 EL Rapsöl**
- **4 EL Paprikapulver**
- **4 EL Salz**
- **2 EL Pfeffer**
- **1 Knoblauchzehe**
- **1 TL Zucker**
- **1 Bio-Limette**

BAGUETTE MIT ENTENBRUST

Entenbrüste mit kaltem Wasser abspülen und trocken tupfen. Den Feldsalat waschen, verlesen und die Strünke abschneiden. Die Hautseite der Entenbrüste in Längs- und Querrichtung einschneiden. Darauf achten, nicht ins Fleisch zu schneiden, sondern nur die Haut anritzen. Die Entenbrüste salzen und dann auf der Hautseite direkt für ca. 6 Minuten grillen. Die Haut sollte schön goldbraun sein. Im Anschluss bei ca. 160 °C im indirekten Bereich auf der Fleischseite fertig garen. Die Kerntemperatur sollte 62–65 °C erreichen. Man erkennt, dass das Fleisch gar ist, wenn auf der Oberseite Fleischsaft austritt.

Das Baguette in Scheiben schneiden und auf beiden Seiten anrösten. Mit der Mayonnaise bestreichen und den Feldsalat auf den Baguettescheiben anrichten.

Die Ente in ca. 5 mm dicke Scheiben aufschneiden. Auf dem Brot verteilen, mit Pfeffer und Meersalz würzen und mit den Sprossen garnieren.

FÜR 4 PORTIONEN

- **2 Barbarie-Entenbrüste, à ca. 350 g**
- **4 EL Mayonnaise**
- **½ EL Meersalz**
- **Pfeffer**
- **Feldsalat**
- **1 Vollkornbaguette**
- **Sprossen nach Wahl**

Zum Anrichten mit Gurkenstücken und gewürfelten roten Zwiebeln garnieren.

SATÉ-SPIESSE
MIT ERDNUSS-SAUCE

Hähnchenbrust in daumendicke Streifen schneiden.

Zitronengras fein hacken und mit dem braunen Zucker, Kurkuma, Koriander, Kreuzkümmel und Knoblauch im Mörser zu einer Paste verarbeiten.

Sojasauce, Fischsauce, Kokosmilch, abgeriebene Limettenschale, sowie Limettensaft und Sesam unterrühren.

Das Fleisch in der Marinade mindestens 1 Stunde im Kühlschrank marinieren, gerne kann man das Fleisch auch schon am Vortag vorbereiten.

Anschließend werden die Saté-Spieße gesteckt: Die Hähnchenstreifen in Wellenform aufspießen, so dass etwa die Hälfte des Spießes bedeckt ist.

Für die Erdnuss-Sauce Kokosmilch, braunen Zucker, Thai Red Curry Paste, Salz, Apfelessig und Wasser in einem Topf geben, alternativ funktioniert natürlich auch ein Wok auf dem Grill.

Bei niedriger Temperatur unter ständigem Rühren ca. 10 Minuten köcheln lassen, bis eine cremige Sauce entstanden ist. Falls die Sauce zu dick wird, einfach mit Kokosmilch verdünnen.

Grill auf 250 °C hochheizen und Alufolie unter die Spießenden legen, alternativ den Grill auf einer Hälfte für indirektes Grillen vorbereiten. Den Rost abbürsten und mit Öl einstreichen, um das Anhaften des Hähnchenfleischs zu verhindern.

Spieße ca. 2 Minuten pro Seite grillen und dabei mit dem Rest der Marinade einpinseln.

FÜR 4–6 PORTIONEN

ERDNUSS-SAUCE

- 400 g Kokosmilch, ohne Emulgator
- 200 g Erdnussbutter, 100 % pur, ungezuckert
- 150 g brauner Zucker
- 60 g Thai Red Curry Paste
- 1 TL Salz
- 2 EL Apfelessig
- 100 ml Wasser

Zum Garnieren

- Thai-Chilis, in feine Ringe geschnitten
- Korianderblätter

SPIESSE

- 450 g Hähnchenbrust
- Bambusspieße
- 1 Stange Zitronengras
- 3 EL brauner Zucker
- 1 TL Kurkuma, gemahlen
- 1 TL Koriander, gemahlen
- 1 TL Kreuzkümmel, gemahlen
- 2 EL Sesamsamen
- 1 Limette
- 40 ml Sojasauce
- 2 EL Fischsauce
- 2 Knoblauchzehen, zerdrückt
- 100 ml Kokosmilch

HÄHNCHENBRUST MEDITERRAN

Den Grill für indirekte Hitze und etwa 150–180 °C vorbereiten.

Den Bund Basilikum, bis auf etwa 12 Blätter, klein hacken. Die restlichen Blätter beiseitelegen. Das gehackte Basilikum mit dem Tomatenmark und circa 2 EL Öl vermengen, bis eine gute streichbare Masse entstanden ist. Diese dann noch mit Pfeffer abschmecken.

Je fünf Scheiben Prosciutto leicht überlappend nebeneinander auf ein Schneidebrett legen. Anschließend großzügig die Tomatenmark-Basilikummischung mit einem Pinsel gleichmäßig über die gesamte Fläche des Schinkens verteilen. Nun den Parmesan jeweils über die gesamte Fläche reiben, jeweils drei der noch ganzen Basilikumblätter in einem Streifen auf den Parmesan legen. Zum Abschluss die Hähnchenbrüste salzen und pfeffern und parallel zu den Basilikumblättern auf den Schinken legen und zusammenrollen.

Die Hähnchenbrüste nun in die Mitte des bereits eingeregelten Grills auf den Rost legen. Den Grill schließen und die Temperatur beständig bei 150–180 °C halten. Die Garzeit beträgt je nach Größe der Brüste ca. 20–35 Minuten. Um auf Nummer sicher zu gehen, empfiehlt sich der Einsatz eines Thermometers, um die Kerntemperatur zu ermitteln. Bei 75 °C ist das Hähnchen servierbereit.

FÜR 4 PORTIONEN

- **4 Hähnchenbrüste**
- **20 Scheiben Prosciutto**
- **1 Bund Basilikum**
- **100 ml Tomatenmark**
- **100 g Parmesan**
- **frisch gemahlener Pfeffer**
- **Olivenöl**
- **Salz**

EINTRACHT FR
EINTRACHT
ANKFURT

HÄHNCHENTACOS

Den Grill auf direkte hohe Hitze von circa 250 °C vorbereiten.

Die Tomaten, geviertelte Zwiebel, Frühlingszwiebeln, Chili und den Knoblauch grillen, bis alles von allen Seiten gut gebräunt ist. Herunternehmen und auf einem Schneidebrett sehr klein hacken und in einer Schüssel mit dem Saft der Limette, gehacktem Koriander und dem Salz vermischen und abschmecken.

Die Zutaten für die Würzmischung gründlich vermengen.

Die Hähnchenschenkel mit der Gewürzmischung und Olivenöl einreiben. Diese bei hoher Hitze direkt von beiden Seiten ca. 7–9 Minuten grillen. Auf einem Schneidebrett in 1 cm große Stücke zerteilen.

Die Tortillas 45 Sekunden über der direkten hohen Hitze grillen, dabei einmal wenden.

Die Avocados halbieren, Kerne entfernen und mit einem Löffel vorsichtig aus der Schale heben. Die Avocadohälften in 5 mm starke Streifen schneiden.

Die Tortillas ausbreiten, das Fleisch gleichmäßig darauf verteilen, mit der Salsa und der Avocado belegen und zusammenklappen.

FÜR 4 PORTIONEN

- **4 ausgelöste Hähnchenschenkel ohne Haut**
- **8 kleine Mais- oder Weizenmehltortillas**
- **2 Avocados**

WÜRZMISCHUNG

- **1 EL Rohrzucker**
- **2 TL Paprikapulver, edelsüß**
- **1 TL schwarze Pfefferkörner**
- **1 TL Knoblauchpulver**
- **1 ½ TL Zwiebelpulver**
- **1 TL Chiliflocken**
- **1 ½ TL Rosmarin, getrocknet**
- **1 TL Kreuzkümmelpulver**
- **1 TL Cayennepfeffer**
- **1 TL Oregano, getrocknet**
- **2 TL grobes Meersalz**
- **Olivenöl**

SALSA

- **2 reife Tomaten**
- **1 rote Zwiebel**
- **3 Frühlingszwiebeln**
- **1 Limette**
- **2 Knoblauchzehen, geschält**
- **1 frische Chili**
- **1 TL grobes Meersalz**
- **½ Bund Koriander**

FÜR 4 PORTIONEN

- 4 Hähnchenschenkel
- 8 Scheiben Bacon
- 16 Tigershrimps
- Salz
- Pfeffer
- Chiligewürz oder auch frische Chili
- 1 Bio-Limette
- 4 Stängel Zitronengras

ZUSÄTZLICH

- 4 Bambusspieße

THAI-STYLE HÄHNCHEN-SCHENKEL

Hähnchenschenkel auslösen, dazu den Schenkel von unten am Knochen entlang vorsichtig aufschneiden und die Knochen nach und nach auslösen. Wichtig ist, die Haut nicht zu verletzen.

Die ausgelösten Hähnchenschenkel ausgebreitet auf die Hautseite legen. Mit Salz, Pfeffer und Chili nach Geschmack würzen. Anschließend die Limettenschale mit einer feinen Reibe auf den Schenkeln verteilen. Nun werden je 2 Baconscheiben nebeneinander und 4 Shrimps auf je einen Schenkel gelegt. Die Zitronengrasstängel mit einem Nudelholz aufbrechen und anschließend ebenfalls auf die Hähnchenschenkel legen.

Die Hähnchenschenkel um die Stängel herum zusammenrollen und mit den Bambusspießen verschließen. Dazu gehört etwas Geschick, Geduld und Übung.

Bei 200 °C im Grill indirekt 20 Minuten grillen.

FORELLE MIT FRANKFURTER KRÄUTERFÜLLUNG

LACHS VOM ZEDERNBRETT (KLASSISCH)

GARNELENSPIESSE MIT LIMETTEN-KNOBLAUCH-MARINADE

THUNFISCHSTEAK MIT SESAM UND WASABI

FISCHSPIESS

KAPITEL 5 – NACHSPIELZEIT

FISCH

FORELLE MIT FRANKFURTER KRÄUTERFÜLLUNG

FÜR 4 PORTIONEN

- 4 frische Forellen
- Meersalz, Pfeffer
- 2 Knoblauchzehen
- 1–2 Zitronen
- 2 Rosmarinzweige
- 1 Bund Frankfurter-Grüne-Sauce-Kräuter (Petersilie, Sauerampfer, Borretsch, Kerbel, Kresse, Pimpinelle und Schnittlauch)
- Olivenöl
- 3 EL Paniermehl
- 100 g Butter

ZUSÄTZLICH

- Plancha oder Grillplatte
- kleine Spieße

Forellen unter fließendem Wasser säubern, mit etwas Küchentuch abtupfen. Danach den Fisch innen und außen mit Salz, Pfeffer würzen und mit Zitronensaft beträufeln.

Anschließend die Frankfurter-Grüne-Sauce-Kräuter hacken. In einer Schüssel das Olivenöl, das Paniermehl, den sehr fein gehackten Knoblauch und die Kräutermischung zu einer geschmeidigen Konsistenz vermengen, anschließend die Forellen damit füllen und mit kleinen Spießen verschließen.

Forellen in ca. 100 g zerlassener Butter und den 2 Rosmarinzweigen ca. 6–7 Minuten je Seite auf der Plancha und direkter Hitze bei ca. 220 °C grillen, damit die Haut schön kross wird.

Zu diesen gegrillten Forellen empfehlen wir Kartoffelspalten oder Folien-Kartoffeln – und natürlich die Füllung der Fische.

Ob man das Lachsfilet auf der Haut oder ohne Haut auf die Planke legt, ist für das Ergebnis nachrangig. Mit Haut wird es etwas saftiger und man kann den fertigen Lachs gut abheben. Ohne Haut hat das Aroma des Zedernholzes Gelegenheit, in den Fisch einzudringen und sorgt für einen feineren Geschmack.

Eine Planke aus Zedernholz ist ideal zum Räuchern ganzer Lachsfilets geeignet. Wichtig ist, sie mindestens 1 Stunde vor Grillbeginn im Wasserbecken zu wässern.

LACHS VOM ZEDERNBRETT (KLASSISCH)

Das Lachsfilet waschen und mit Küchenkrepp trocken tupfen. Eventuell vorhandene Gräten mit einer Pinzette ziehen.

Das Lachsfilet ca. 4 Stunden vor dem Grillen großzügig mit dem Fisch-Gewürz einmassieren und kühlen. Zum einen dringt das im Gewürz enthaltene Salz in den Lachs ein, wodurch das Ergebnis saftiger und aromatischer wird. Zum anderen führt die kristalline Struktur von Zucker und Salz dazu, dass der Lachs Wasser verliert. Dadurch wird der Geschmack konzentriert und der Lachs weniger weich.

Die Holzplanke auf direkter Hitze ca. 5–8 Minuten angrillen, bis es zu rauchen beginnt und „Knackgeräusche" aus dem Grill kommen. Den Fisch auf die Planke legen, das Fischgewürz großzügig auf dem Lachs verteilen. Die Holzplanke mit dem Fisch wird dann in der indirekten Zone ca. 15 Minuten weiter gegrillt.

Das Lachsfilet ist fertig, sobald das Thermometer eine Kerntemperatur von 55–57 °C zeigt. Dann ist der Fisch noch leicht glasig und nicht trocken. Die Holzplanke vom Grill nehmen und direkt am Tisch den Fisch von der Haut lösen und servieren.

FÜR 4 PORTIONEN

- **800 g Lachsfilet**
- **1 Zedernholzplanke**
- **Gewürzmischung für Fisch, z. B. Küstenkruste von Ankerkraut oder selbst gemischt (Rezepte siehe unten)**

Wer sein Fischgewürz selbst mischen möchte, bekommt hier einen Rezeptvorschlag:

FISCHGEWÜRZ

- **1 EL grobes Meersalz**
- **1 TL Zitronenpfeffer**
- **1 EL Cayennepfeffer**
- **½ TL Sellerie-Salz**
- **1 Msp. Kumin**
- **5 EL brauner Zucker**

Sämtliche Gewürze gründlich miteinander vermischen.

GARNELENSPIESSE MIT LIMETTEN-KNOBLAUCH-MARINADE

Falls die Garnelen tiefgekühlt sind, vollständig auftauen lassen, kurz abbrausen und gut abtrocknen. Die Kapern, das Zitronengras, den Ingwer, den Knoblauch und die Chilischote fein hacken und in eine Schüssel geben. Den Saft der Limette auspressen und mit dem Zucker und dem Olivenöl zu den restlichen Zutaten hinzufügen und alles gut durchmischen. Die Garnelen in eine große flache Schale legen und mit der Marinade übergießen. Zugedeckt für mindestens 2 Stunden in den Kühlschrank stellen.

In der Zwischenzeit die Holzspieße mindestens 30 Minuten wässern. Den Grill auf direkte Hitze von 220 °C vorbereiten, aber bei einem Drittel der Fläche keine Kohle legen.

Wenn die Garnelen gut durchgezogen sind, 4–5 Garnelen pro Spieß aufspießen. Die Spieße 5 Minuten direkt grillen und die Enden der Spieße in die kohlefreie Zone legen. Die Garnelen sind fertig, wenn das Fleisch fest und nicht mehr glasig ist. Sofort servieren, da die Spieße schnell kalt werden.

FÜR 4 PORTIONEN

- **500 g (Riesen-)Garnelen**
- **4 TL Kapern**
- **1 Stängel Zitronengras**
- **1 Limette**
- **2 Stücke Ingwer, daumengroß**
- **2 Knoblauchzehen**
- **½ rote Chilischote**
- **1 EL brauner Zucker**
- **150 ml Olivenöl**

ZUSÄTZLICH

- **Holzspieße**

Deutsche Fußball-Meistersch
1959
am Sonntag, dem 28. Juni 1959, 15 Uhr
im Olympia-Stadion Berlin
Unterring Mitte
(Sitzplatz)
Der Platz muß bis 14.45 Uhr eingenommen werden, sonst keine Gewähr. Keine Haftung für Personen- und Sachschäden. Auf Verlangen bitte vorzeigen.
-.20 DM
Eintritt DM 7.80
Sozialw. DM -.20
DM 8.-
Billettdruck Gerd Hornberger Waldfischbach (Pfalz)
Freikarte

'74
DFB-Pokalsieger
Eintracht
UEFA-
Pokalsieger
BRUDA,
SCHLAG
DEN BALL
LANG!
Eintracht
FRANKFURT
DFB-POKALSIEGER 2018

THUNFISCHSTEAK MIT SESAM UND WASABI

Limettenschale und Ingwer in eine Schüssel reiben. Fein gehackte Schalotten, Teriyaki-Sauce, Balsamico, Olivenöl, Salz, Sesam und schwarzen Pfeffer dazu mischen.

Thunfischsteaks in die Marinade einlegen und 3–4 Stunden im Kühlschrank ziehen lassen.

Für die Wasabicreme die Avocado halbieren, Fruchtfleisch mit einem Löffel auslösen und mit einer Gabel zerdrücken. Mit Mayonnaise, Sesamöl, Wasabi-Paste, fein gehackter Chilischote und Saft einer Limette zu einer Creme rühren.

Mit schwarzem Pfeffer, Salz und Koriander abschmecken und bis zur Verwendung in den Kühlschrank stellen.

Den Grill für direktes Grillen bei offenem Deckel und ca. 250 °C vorbereiten.

Thunfischsteak auf beiden Seiten jeweils ca. 1–2 Minuten rare grillen und dabei mit der Marinade bestreichen.

Um ein schönes Branding zu bekommen, die Steaks nach der Hälfte der Zeit um 90 ° drehen.

Direkt anrichten und mit der Wasabicreme genießen.

FÜR 4 PORTIONEN

- 4 Thunfischsteaks, ca. 2,5 cm dick
- 5 EL Teriyaki-Sauce
- ½ TL Salz
- 1 TL schwarzer Pfeffer
- 3 EL Olivenöl
- 2 EL Sesam
- 4 EL Balsamico
- 20 g frischer Ingwer, gerieben
- 2 Schalotten, fein gehackt
- Limettenschale, abgerieben

WASABICREME

- 1 reife Avocado
- 4 EL Wasabi-Paste
- 60 g Mayonnaise
- 20 ml Sesamöl
- Saft einer Limette
- ½ TL Salz
- 1 TL schwarzer Pfeffer, gemahlen
- 1 TL Koriander, gemahlen
- 1 frische Chilischote, fein gehackt

FLEUR DE

FISCHSPIESS

FÜR 4 PORTIONEN

- 450 g feste weiße Fischfilets, z. B. Kabeljau
- 8 Scampis mit Schale
- 20 Scheiben Bacon
- je 1 rote und grüne Paprika
- 2 Zwiebeln

ZUSÄTZLICH

- 4 Metallspieße

Den Fisch waschen und trocken tupfen. In ca. 8 x 3 cm große Stücke schneiden und jedes Stück mit je einer Scheibe Bacon umwickeln. Die Paprika in ca. 6 cm große Stücke schneiden. Die Zwiebeln schälen und vierteln. Die Scampi waschen und den mittleren Teil der Schale entfernen. Kopf und Schwanz nicht entfernen. Sie geben beim Grillen noch Geschmack ab. Jeden Scampi mit einer Scheibe Bacon umwickeln.

Jetzt die Spieße zusammenbauen. Als erstes ein Zwiebelviertel aufspießen und dann immer abwechselnd Fisch, Scampi und Paprika aufstecken. Zum Schluss wird wieder eine Zwiebel aufgespießt.

Man kann die Spieße direkt auf dem Rost grillen. Hierbei besteht ab die Gefahr, dass der Spieß festklebt. Der Rost muss gut geölt werden. Besser klappt es, wenn man zwei rechteckige Pflastersteine mit Alufolie umwickelt und dann im Abstand der Spieße auf den Rost stellt. Dann kann man die Spieße mit den Enden auf die Steine legen und nichts klebt an.

Die Spieße bei ca. 200 °C direkt grillen. Wenn sich Eiweißtropfen am Fisch bilden, ist er gar. Der Speck und das Gemüse sollten leicht angeröstet sein.

GEGRILLTE AVOCADO MIT TOMATENSALSA

GEGRILLTE SÜSSKARTOFFEL MIT LIMETTEN-ÖL-DRESSING

GEGRILLTER „GRIE-SOSS‘-KARTOFFELSALAT“

ZUPFBROT

CHAMPIGNONS MIT KRABBENFRISCHKÄSE

SPARGEL MIT KIRSCHTOMATEN

GRÜNE-SAUCE-DIP

KAPITEL 6 – SEITENWECHSEL

BEILAGEN

GEGRILLTE AVOCADO MIT TOMATENSALSA

Die Tomaten würfeln, Schalotte, Knoblauch und Petersilie fein hacken, Koriander etwas grober hacken, rote Zwiebel in feine Würfel schneiden, Chili entkernen und fein hacken und alles mit 1 TL Olivenöl und 1 EL Limettensaft vermengen. Anschließend mit Salz und Pfeffer abschmecken.

Die Avocados halbieren und den Kern entfernen. Anschließend die Avocadohälften mit Olivenöl bestreichen und für etwa 4 Minuten mit der Schnittfläche nach unten auf den Grillrost legen. Zum Schluss die gegrillten Avocadohälften mit der Tomatensalsa füllen.

FÜR 4 PORTIONEN

- 4 Avocados
- 3–4 Tomaten
- 1 rote Zwiebel
- 1 kleine Schalotte
- 2–3 Knoblauchzehe
- 1 Limette
- Olivenöl
- ½ Bund Petersilie
- ½ Bund Koriander
- 1 Chili
- Salz

FÜR 4 PORTIONEN

- 3 Süßkartoffeln
- 80 ml Olivenöl
- 1 x Bio-Limette
- etwas glatte Petersilie, gehackt

GEGRILLTE SÜSSKARTOFFEL
MIT LIMETTEN-ÖL-DRESSING

Öl, Limettenabrieb, Limettensaft, Petersilie und Salz vermischen. Die Süßkartoffeln waschen und in 5 mm dicke Scheiben schneiden.

Bei direkter mittlerer Hitze 6–7 Minuten pro Seite grillen. Anschließend durch die Marinade ziehen.

REWE Bio
6 FRISCHE EIER
BIO
Etikett hier abziehen

GEGRILLTER „GRIE-SOSS'"-KARTOFFELSALAT

Kartoffeln waschen, mit Schale dritteln, in eine Schüssel geben und mit dem Olivenöl vermengen. Auf etwa 3–4 Portionen aufteilen und jede Portion in Alufolie packen. Mit einer zweiten Lage Alufolie entgegengesetzt nochmals umwickeln. Drauf achten, dass kein Öl in der Alufolie steht. Jedes Paket pro Seite bei 175–200 °C etwa 25 Minuten grillen, bis die Kartoffeln noch leicht bissfest sind.

In der Zwischenzeit die Kräuter fein hacken und mit Mayonnaise, Saurer Sahne, Apfelessig, Senf, Zucker, Salz und Pfeffer zu einem glatten Dressing verarbeiten.

Die Kartoffeln erst nach dem Grillen salzen und pfeffern und in einer Schüssel kurz auskühlen lassen.

Die Eier hart kochen, abschrecken und klein schneiden, die Zwiebel in feinste Würfel schneiden und alles miteinander vermengen. Vor dem Servieren nochmal mit Salz, Pfeffer und Essig abschmecken.

FÜR 4 PORTIONEN

- 1 kg Drillinge
- 2 TL Olivenöl
- Je 1 TL Salz & Pfeffer
- 125 g Saure Sahne
- 75 g Mayonnaise
- ½ Bund Grüne-Sauce-Kräuter (Borretsch, Petersilie, Pimpinelle, Kresse, Sauerampfer, Kerbel und Schnittlauch)
- etwas Apfelessig
- 1 TL Zucker
- 1 TL mittelscharfer Senf
- ½ rote Zwiebel
- 2–3 Eier

ZUSÄTZLICH

- Alufolie

ZUPFBROT

Den Brotlaib längs und quer würfelartig alle 2–3 cm einschneiden, allerdings nicht komplett durchschneiden, so dass sich eine Art Fächer ergibt.

Gruyère und Parmesan fein reiben und das Paprikapulver untermischen.

Knoblauch mit Butter, Kreuzkümmel und nach Belieben frischem Thymian bzw. Rosmarin zu einer Art Kräuterbutter vermengen.

Das Brot wie einen Fächer auffalten und abwechselnd Kräuterbutter und Käsemischung hineingeben.

Grill für indirektes Grillen bei 180 °C vorbereiten und das Brot hineinlegen. Nach ca. 10–15 Minuten (nicht wenden!) bei geschlossenem Deckel ist es fertig.

FÜR 6–8 PORTIONEN

- **1 Laib Bauernbrot, 750 g**
- **200 g Gruyère**
- **100 g Parmesan**
- **100 g Butter**
- **3 Knoblauchzehen, fein gehackt**
- **2 TL Paprikapulver, geräuchert**
- **1 TL Kreuzkümmel**
- **nach Belieben frischer Thymian oder Rosmarin**

CHAMPIGNONS MIT KRABBEN-FRISCHKÄSE

Die Krabben klein hacken, den Apfel reiben und alles mit dem Frischkäse mischen. Die Füllung ca. 30 Minuten stehen lassen, bei Bedarf mit Semmelbrösel andicken und mit Salz, Pfeffer und Zitrone abschmecken.

Den Grill auf indirekte Hitze bei 220 °C vorbereiten. Die Pilze mit einer Bürste von Schmutz befreien und den Stiel mit einem Messer entfernen. Die Pilze noch zusätzlich mit einem Esslöffel vorsichtig aushöhlen, damit genug Fülling hineinpasst. Anschließend die Pilze mit dem Krabbenfrischkäse füllen. Die Pilze auf einem Gemüsekorb in die indirekte Hitze legen, sie benötigen ca. 15 Minuten. Am besten schmecken die Pilze, wenn sie noch leichten Biss haben.

Mit dem Essen noch 5 Minuten warten – die Pilze sind von innen sehr heiß!

FÜR 4 PORTIONEN

- **8 große Champignons**
- **150 g Meerrettichfrischkäse, alternativ: Frischkäse mit 1,5 TL Wasabipulver**
- **1 Apfel, säuerlich**
- **150 g Nordseekrabben**
- **Semmelbrösel**
- **Zitronensaft**
- **Salz**
- **Pfeffer**

ZUSÄTZLICH

- **evtl. Gemüsekorb**

SPARGEL MIT KIRSCHTOMATEN

Die holzigen Enden am Spargel abschneiden und in einer Schüssel ölen und salzen. Den Spargel im direkten Bereich grillen, bis er anfängt, ein leichtes Branding zu bekommen. Die Tomaten an der Rispe auf die indirekte Seite legen.

Den Spargel nun in den indirekten Bereich legen und die Tomaten darauf platzieren. Den Deckel schließen und ca. 15 Minuten liegen lassen.

Zum Anrichten den Spargel gleichmäßig auf vier Teller verteilen und pro Teller 3 Tomaten einrechnen. Die Tomaten mit der Zange über dem Spargel so andrücken, dass ein Teil des Saftes über den Spargel läuft und etwas pfeffern.

FÜR 4 PORTIONEN

- **1 Bund grüner Spargel**
- **12 Kirschtomaten, am besten als Rispe**
- **Pfeffer**
- **Salz**
- **Olivenöl**

ZUSÄTZLICH

- **evtl. eine Gussplatte**

GRÜNE-SAUCE-DIP

Die Kräuter waschen und gut trocknen lassen, sonst wird der Dip zu flüssig. Die Eier kochen und abkühlen lassen. Die Kräuter und die Eier hacken und in eine große Schüssel geben. Die restlichen Zutaten hinzufügen und alles gut durchrühren. Die fertige Grüne Sauce für mindestens 2 Stunden im Kühlschrank durchziehen lassen.

Am besten zu großen Grillkartoffeln servieren, der Dip schmeckt aber auch sehr gut zu Ciabatta.

FÜR 4 PORTIONEN

- **1 Bund Frankfurter-Grüne-Sauce-Kräuter (Petersilie, Sauerampfer, Borretsch, Kerbel, Kresse, Pimpinelle und Schnittlauch)**
- **200 g Saure Sahne**
- **200 g Joghurt, 3,5 % Fett**
- **200 g Schmand**
- **4 Eier, hartgekocht**
- **1 TL Senf, mittelscharf**
- **1 EL Zitronensaft**
- **1 EL Apfelessig**
- **1 TL Honig**
- **1 TL Salz**
- **½ TL Pfeffer**

ERDBEEREN MIT MARSHMALLOWS UND MIKADO-STICKS

BANANE MIT SCHOKOLADENFÜLLUNG

GEGRILLTER PFIRSICH MIT SCHMAND UND STROH-RUM

GEGRILLTE ANANAS MIT STROH-RUM-CHILIMARINADE

APPLE-CRUMBLE

SÜSSER FLAMMKUCHEN

WARMES SCHOKOLADENTARTELETTE

BLÄTTERTEIG MIT TOFFIFEE

KAPITEL 7 – ELFMETERSCHIESSEN

DESSERTS

ERDBEEREN MIT MARSHMALLOWS UND MIKADO-STICKS

Die Erdbeeren waschen und den grünen Strunk entfernen. Danach die Beeren gerade abschneiden, so dass man die sie auf der Holzplanke gerade platzieren kann.

Anschließend im Mörser 1 EL brauner Rohrzucker mit ca. 8–10 Blatt frischer Minze zerkleinern und mit ein paar Tropfen Limettensaft cremig als Topping für die Marshmallows vorbereiten

Die Marshmallows mit dem Minze-Topping garnieren und vorsichtig jeweils eine Erdbeere und einen Marshmallow auf einen Mikado-Stick aufspießen.

Die Erdbeerspieße auf der Holzplanke in dem auf 230 °C vorgeheizten Grill platzieren.

Nach etwa 5–6 Minuten indirekter Hitze können die Spieße vom Grill genommen werden.

Die Marshmallows sollten leicht karamellisiert sein. Dazu schmeckt eine Kugel Vanilleeis.

FÜR 4 PORTIONEN

- **16 mittelgroße Erdbeeren**
- **16 Marshmallows**
- **1 Packung Mikado-Sticks**
- **½ Bund Minze**
- **1 EL brauner Rohrzucker**
- **1 Limette**

ZUSÄTZLICH

- **Holzplanke**
- **Mörser**

BANANE MIT SCHOKOLADENFÜLLUNG

FÜR 4–6 PORTIONEN

- **250 g Filo- oder Yufkateig, fertig aus dem Supermarkt**
- **4 reife Bananen**
- **Schokocreme, nach Belieben**
- **20 ml Amaretto**
- **20 ml Ahornsirup**
- **1 EL Sesam**

ZUSÄTZLICH

- **Grillplatte**

Banane längs und quer halbieren. Filoteig dünn ausrollen und Bananenviertel auf dem Teig platzieren. Es soll eine Art süße Frühlingsrolle werden.

Banane mit dem Amaretto beträufeln und Schokocreme darüberstreichen. Teig einrollen und dabei einschlagen, um eine geschlossene Rolle zu bekommen.

Grill indirekt auf 210 °C bei geschlossenem Deckel einregeln. Teigrollen für 20 Minuten auf einer Grillplatte goldbraun grillen.

Nach ca. 15 Minuten den Deckel öffnen und die Teigrollen mit Ahornsirup bestreichen und mit Sesam bestreuen.

HT

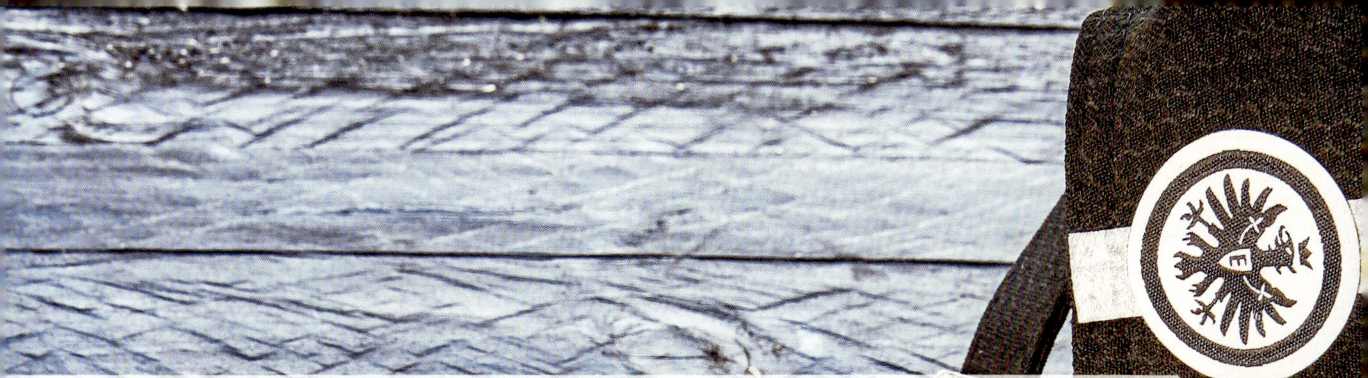

GEGRILLTER PFIRSICH MIT SCHMAND UND STROH-RUM

Schmand mit Ahornsirup vermischen und leicht schaumig schlagen, kalt stellen.

Pfirsiche waschen und halbieren, die Kerne entfernen und die runde Unterseite glatt abschneiden, damit sie sicher auf dem Grillrost stehen können.

Den Grill für direktes und indirektes Grillen vorbereiten und auf mittlere Hitze, ca. 160 °C, einregeln.

Die Schnittseiten der Pfirsichhälften leicht einölen und auf dieser Seite ca. 4 Minuten auf direkter Hitze angrillen. Die Pfirsiche wenden und in den indirekten Bereich legen. Die Oberseite mit Rohrzucker bestreuen und mit Stroh-Rum flambieren. Dabei bildet sich in der Mitte des Pfirsichs etwas Flüssigkeit, die nicht verschüttet werden darf.

Den Pfirsich vorsichtig vom Grill nehmen, auf die Mitte einen Klecks Schmandcreme geben und mit ein paar Rosa Beeren bestreuen.

FÜR 4 PORTIONEN

- 4 reife Pfirsiche
- 2 EL Rohrzucker
- 4 EL Stroh-Rum
- 60 g Schmand
- 2 EL Ahornsirup
- 1 EL Rosa Beeren
- 2 EL neutrales Öl

Eintracht
FRANKFURT
DFB-POKALSIEGER 2018
Eintracht
FRANKFURT
ZUHAUSE IN
EUROPA

FÜR 4 PORTIONEN

- 1 Ananas
- 1 Limette
- 1 ½ EL Olivenöl
- ½ TL Chiliflocken
- 1 EL brauner Zucker
- 4 EL Honig
- 1 EL Stroh-Rum

GEGRILLTE ANANAS MIT STROH-RUM-CHILIMARINADE

Die Ananas schälen, in Scheiben schneiden und den Strunk mit einem spitzen Messer herausschneiden. Die Limette abreiben und die Schale mit dem Saft vermischen. Das Olivenöl, die Chiliflocken, den Honig, den Zucker und den Rum dazugeben und vermengen. Die Ananasscheiben mit der Marinade bepinseln.

Den Grill auf direkte mittlere Hitze vorbereiten und die Ananasscheiben auf den Grillrost legen. Von beiden Seiten bissfest grillen, bis ein schönes Grillmuster entstanden ist. Kurz bevor sie fertig sind, nochmal mit der Marinade bestreichen.

Dazu schmeckt eine Kugel Vanilleeis.

APPLE-CRUMBLE

Die Äpfel schälen und anschließend achteln. Die Achtel mit dem Zitronensaft, dem braunen Zucker und dem Mark der Vanilleschote mischen und in einer back- und grillfesten Form verteilen.

Für die Streusel Butter, Mehl, Zimt und Zucker in eine Schüssel geben und so lange mit den Händen kneten und zerreiben, bis Streusel entstanden sind. Die Äpfel mit den Streuseln bedecken.

Den Grill auf indirekte, mittlere Hitze von 200 °C vorbereiten und die Form für ca. 25 Minuten bei geschlossenem Deckel in den Grill stellen, bis die Streusel leicht braun werden.

Vor dem Servieren nach Belieben mit Puderzucker bestreuen.

Eine Kugel Vanilleeis ist besonders lecker dazu.

FÜR 4 PORTIONEN

- **4 Äpfel**
- **Vanilleschote**
- **Zitronensaft**
- **2 EL brauner Zucker**
- **150 g Butter**
- **200 g Mehl**
- **1 TL Zimt**
- **120 g Zucker**
- **Puderzucker**

SÜSSER FLAMMKUCHEN

Den Teig gleichmäßig und dünn bis 1 cm vom Rand mit Crème fraîche bestreichen, mit den halbierten Früchten belegen und mit Zimt und Zucker bestreuen, bzw. mit Honig beträufeln. In der Zwischenzeit den Grill vorheizen und auch den Pizzastein mindestens 15 Minuten bei maximaler direkter Hitze vorheizen. Den Flammkuchen auf den Grill geben, nach 5–7 Minuten sollte der Teig kross sein.

FÜR EINEN FLAMMKUCHEN

- **1 dünner Flammkuchen (aus dem Kühlregal)**
- **1 Becher Crème fraîche**
- **frische Früchte (z. B. Erdbeeren, Himbeeren, Heidelbeeren, Bananen, o. ä.**
- **Zimt**
- **Zucker oder flüssiger Honig**

ZUSÄTZLICH

- **Pizzastein**

BOURBON VANILLE
REWE BESTE WAHL

WARMES SCHOKOLADEN-TARTELETTE

FÜR 4 PORTIONEN
TARTELETTEFORM Ø 6 CM

TEIG

- 125 g Butter
- 125 g Zucker
- 250 g Mehl
- 1 Ei
- Abrieb einer Bio-Zitrone
- etwas Vanille-Extrakt
- Prise Salz

FÜLLUNG

- 3 Eier
- 40 g Zucker
- 140 g Kuvertüre 39 %
- 120 g Butter

ZUSÄTZLICH
- Puderzucker

Alle Zutaten für den Teig miteinander zu einem homogenen Teig verarbeiten und diesen im Kühlschrank ca. 1 Stunde ruhen lassen.

Den Grill auf mittlere, indirekte Hitze vorbereiten.

Die Eier mit dem Zucker verrühren, bis sich der Zucker auflöst. Die Kuvertüre mit der Butter in einem Topf schmelzen lassen. Etwas abkühlen lassen und der Eimischung vorsichtig unterheben und kalt stellen. Den Teig ca. 3 mm stark ausrollen und kleine Förmchen damit auslegen. Die Schokoladenmasse bis 1 cm unter den Rand einfüllen und bei mittlerer Hitze indirekt ca. 15 Minuten backen.

Vor dem Servieren mit etwas Puderzucker bestreuen.

12 STÜCK

- 12 Toffifee
- 1 Packung Blätterteig
- Puderzucker

ZUSÄTZLICH

- Pizzastein

BLÄTTERTEIG MIT TOFFIFEE

Den Blätterteig auf einer Lage Backpapier ausrollen und auf einer Hälfte die Toffifee in gleichmäßigen Abständen verteilen, je nach Größe des Teigs, 3 Stück auf der kurzen und 4 Stück auf der langen Seite.

Die Toffifee mit der zweiten Hälfte des Teiges abdecken und mit der stumpfen Seite eines Küchenmessers in Quadraten um die Toffifee herum teilen. Der Teig soll quasi gedrückt und nicht geschnitten werden. Dadurch verbinden sich die zwei Schichten und das Backpapier wird nicht zerschnitten.

Die 12 Teiglinge auf dem Backpapier auf einen kalten Pizzastein legen und bei 200 °C indirekt auf dem Grill backen.

Die Garzeit beträgt ca. 15–20 Minuten. Wenn alle Teiglinge aufgegangen sind, diese vom Grill nehmen und etwas abkühlen lassen. Danach einfach mit Puderzucker bestäuben.

KNOBLAUCH-JOGHURT-SAUCE

FEURIGE SALSA

MANGO-ANANAS-SAUCE

BBQ-GRILLSAUCE

KRÄUTER-SAUCE

KAPITEL 9 – FANKURVE

SAUCEN

REWE

KNOBLAUCH-JOGHURT-SAUCE

Joghurt, Crème fraîche und Mayonnaise miteinander verrühren. Knoblauch schälen, hacken und ebenfalls unterrühren. Dill, Schnittlauch und Zitronensaft untermischen und mit Salz und Pfeffer würzen. Die Sauce in eine saubere Flasche füllen und mindestens 2 Stunden im Kühlschrank ziehen lassen.

ZUBEREITUNGSZEIT 130 MINUTEN

- **150 g REWE Bio Joghurt mild**
- **100 g Crème fraîche**
- **1 EL Mayonnaise**
- **2 Knoblauchzehen**
- **1 EL Dill, gehackt**
- **2 EL Schnittlauch, in Röllchen**
- **1 EL Zitronensaft**
- **Salz**
- **Pfeffer**

FEURIGE SALSA

Zwiebel und Knoblauch schälen und fein würfeln. Die Jalapeños entkernen und würfeln. Das Öl in einer beschichteten Pfanne erhitzen und die Zwiebel und den Knoblauch glasig dünsten. Chiliwürfel, Dosentomaten, Apfelessig und Rohrzucker zufügen und die Sauce 30–40 Minuten köcheln lassen. Mit Salz, Pfeffer und Apfelessig abschmecken und noch heiß in eine saubere Flasche füllen.

ZUBEREITUNGSZEIT 50 MINUTEN

- 1 Zwiebel
- 2 Knoblauchzehen
- 2 Jalapeños
- 1 EL Öl
- 425 ml REWE Beste Wahl stückige Tomaten
- 4 EL Apfelessig
- 2 EL brauner Rohrzucker
- Salz
- Pfeffer

MANGO-ANANAS-SAUCE

Die Mangos schälen, den Kern herausnehmen und würfeln. Die Ananas (sofern nicht aus der Dose), die Schalotten und den Knoblauch ebenfalls schälen und würfeln. Die Chilischote fein würfeln. Das Öl erhitzen und die Schalotten und den Knoblauch darin andünsten. Chili, Mangos, Ananas, Rohrohrzucker und Currypulver unterrühren. Apfelsaft, Worcestersauce und Apfelessig zugeben. 30 Minuten bei schwacher Hitze köcheln lassen, pürieren und mit Salz und Pfeffer abschmecken. Noch heiß in eine saubere Flasche füllen.

ZUBEREITUNGSZEIT 50 MINUTEN

- 2 Mangos
- 200 g Ananas, frisch oder aus der Dose
- 2 Schalotten
- 1 Knoblauchzehe
- 1 rote Chilischote
- 1 EL Öl erhitzen
- 2 EL REWE Beste Wahl brauner Roh-Rohrzucker
- 1 TL Currypulver
- 150 ml Apfelsaft
- 1 EL Worcestersauce
- 80 ml Apfelessig
- Salz
- Pfeffer

BBQ-GRILLSAUCE

Zwiebel, Knoblauch und Apfel schälen und fein würfeln. 300 g Tomaten würfeln. Rapsöl in einer beschichteten Pfanne erhitzen und die Zwiebel darin anbraten, nach etwa 1 Minute Knoblauch, Apfel und Tomaten zufügen. Nach weiteren 2 Minuten Tomatenmark, Rohrzucker, Apfelessig, Worcestersauce und Whisky hinzugeben und gut verrühren. Chili- und Paprikapulver, Pfeffer und Meersalz zugeben und die Sauce ca. 30–40 Minuten bei schwacher Hitze köcheln. Danach pürieren und sofort in eine saubere Flasche füllen.

ZUBEREITUNGSZEIT 60 MINUTEN

- 1 Zwiebel
- 2 Knoblauchzehen
- 1 Apfel
- 300 g Tomaten
- 1 EL Rapsöl
- 100 g REWE Bio Tomatenmark
- 200 g Rohrzucker
- 150 ml Apfelessig
- 50 ml Worcestersauce
- 50 ml Whisky, rauchig
- ½ TL Chilipulver
- 2 TL Paprikapulver, rosenscharf
- ½ TL schwarzer Pfeffer
- 1 TL Meersalz

Aus: Deine Küche Magazin, Ausgabe 02/2019

KRÄUTER-SAUCE

Petersilie und Koriander hacken, Knoblauch schälen und fein hacken, Chilischote entkernen und ebenfalls fein hacken. Zitronensaft, Tahin, Ahornsirup und Olivenöl vermischen und die Kräuter unterheben. Eventuell etwas Wasser zugeben. Mit Kardamom, Salz und Pfeffer abschmecken und in eine saubere Flasche oder ein Schraubglas füllen.

ZUBEREITUNGSZEIT 10 MINUTEN

- 1 Bund Petersilie
- ½ Bund Koriander
- 1 Knoblauchzehe
- 1 rote Chilischote
- Saft von ½ Zitrone
- 1 EL REWE Bio Ahornsirup
- 2 TL Tahin (Sesampaste)
- 1 ½ EL REWE Bio-Olivenöl
- 1 Msp. Kardamompulver
- Salz
- Pfeffer

KAMADOJOE

REWE Bio
ACETO
REWE
Regional
REWE Bio
RAPSÖL
REWE
Paprika
edelsüß
GEMAHLEN
REWE
Basilikum
REWE
Pfeffer
schwarz
GEMAHLEN
Paprika
edelsüß
REWE
KETCHUP
FLEUR DE SEL
REWE
Kurkuma
GEMAHLEN

FD

E
FRA

DANKE

Für Ella und Gustav, Hannes und Marie, Tilda, Otto, Joshua und Bennet, Leo, Matthes, Charlotte, Constantin und Lorenz, Leonard, Oscar und Emil, Tim, Lina und Ella – es gibt nichts Schöneres, als für euch zu grillen.

Ein großer Dank geht an unsere Familien. Ohne euch könnten wir weder als Team grillen, noch hätten wir dieses Buch schreiben können. Danke für euer Verständnis und eure Unterstützung.

Auch an Christoph ein großes Dankeschön. Du bist der Ursprung der Rhöner Heimat Griller. Ohne deine Initiative und die Region Fulda GmbH ständen wir heute immer noch alleine am Grill.

Danke Volker für dein Engagement in der GBA und auch als Starthelfer und steter Begleiter unseres Grillteams.

Danke an Joachim. Egal wie verrückt unsere Ideen sind, du bist sofort Feuer und Flamme. Vom ersten Schritt an warst du zur Stelle. Dein Weitblick tut uns immer wieder gut.

Danke an Udo und Paul für die gute Partnerschaft und eure Unterstützung mit hochwertigen Grills.

Danke an „onsen" Lieblingsmetzger Johannes. Gutes Fleisch gibt es auch in der Nachbarschaft. Du bist der beste Beweis dafür.

Danke an Dietrich. Mit dir über Burgerbrötchen zu diskutieren, macht immer wieder Spaß.

Vielen Dank Volker für deine Gabe, unsere Gerichte in Szene zu setzen, deine Lockerheit und deinen verdammt guten Blick.

Wer hätte das gedacht, als wir uns bei unserem ersten Wettkampf in Fulda als Standnachbarn kennengelernt haben ... Tausend Dank an Christine für deine professionelle Hilfestellung, deine unglaubliche Ruhe im größten Tumult und dein Vertrauen. Es hat uns einen riesen Spaß gemacht!

DAS GRILLTEAM
DIE RHÖNER HEIMAT GRILLER

DER FOTOGRAF
VOLKER DEBUS

Deutscher Meister
1959

Deutsche Fußball-Meistersch
1959
am Sonntag, dem 28. Juni 1959, 15 Uhr
im Olympia-Stadion Berlin
Unterring Mitte
(Sitzplatz)
Der Platz muß bis 14.45 Uhr eingenommen werden, sonst keine Gewähr. Keine Haftung für Personen- und Sachschäden. Auf Verlangen bitte vorzeigen.
-.20 DM
Eintritt DM 7.80
Sozialw. DM -.20
DM 8.-
Billettdruck Gerd Hornberger Waldfischbach (Pfalz)

E RÜCKKEHR
2018

DFB-POKALSIEGER
1988

Eintracht
DFB-POKALSIEGER 1981